„Ich bin immer noch beeindruckt,
dass ich mit WW so gut, vielseitig
und ausreichend essen kann."

WW Teilnehmer Jasmin verrät dir ihre Lieblingsrezepte aus
diesem Kochbuch. Mehr zu Jasmin erfährst du auch auf Seite 7.

Mexikanischer Nudelsalat,
S. 98

Ziegenkäse-
Spargel-Päckchen,
S. 59

Hähnchen mit Chimichurri,
S. 13

Inhalt

Rezeptinfos

**SmartPoints Wert
pro Person / Stück**

 vegetarisch   vegan

 glutenfrei   laktosefrei   nussfrei

Die Kennzeichnung wie zum Beispiel „gluten-", „laktose-"
oder „nussfrei" bei den Rezepten ist rein informativ und
nicht verbindlich. Es liegt in der persönlichen Verantwor-
tung zu prüfen, ob die verwendeten Lebensmittel die
Anforderungen erfüllen.

QR-Code scannen und
Kochvideos entdecken.
Oder besuche uns auf
ww-gesundekueche.de

Dürfen wir vorstellen: *meinWW*+! Mit diesem einzigartigen Programm findest du den richtigen Weg für dich. Wenn es ums Abnehmen geht, hat jeder seine eigenen Vorstellungen und Bedürfnisse. Was für den einen gut funktioniert, ist für jemand anderen vielleicht weniger geeignet. Deshalb bieten wir dir mehr als eine Möglichkeit, mit WW abzunehmen, um dich wohlzufühlen.

In der Theorie ist Abnehmen ganz einfach. Man muss nur weniger essen und sich mehr bewegen, oder? In der Praxis sieht es oft etwas anders aus. Um abzunehmen, solltest du verschiedene Aspekte deines Lebens betrachten, zum Beispiel wie gut du schläfst, wie häufig du dich bewegst und welches Bild du von dir selbst hast. Denn all das beeinflusst deine Entscheidungen – auch beim Essen. Unser *meinWW*+ Programm berücksichtigt deinen Lebensstil und deine Ziele und bietet dir die Möglichkeit, es so zu leben, wie es zu dir und deinem Alltag passt. Basis dafür ist unser

preisgekröntes Abnahmesystem. Du wirst sehen, mit einem Plan wird alles leichter – auch das Abnehmen.

Ein Programm, drei Wege es zu leben. Mit *meinWW*+ erhältst du einen Ernährungsplan, der zu dir und deinem Leben passt, bei dem du alle Lebensmittel essen kannst, die du am liebsten magst. Außerdem bekommst du eine Liste mit über 100+, 200+ oder 300+ ZeroPoint® Lebensmitteln, die du weder abwiegen noch messen oder aufschreiben musst.

Grüner Plan

Mehr tägliche SmartPoints®   Weniger ZeroPoint® Lebensmittel

Blauer Plan

Mittlere Anzahl an täglichen SmartPoints®   Mittlere Anzahl an ZeroPoint® Lebensmitteln

Lila Plan

Weniger tägliche SmartPoints®   Mehr ZeroPoint® Lebensmittel

SmartPoints®

Die Basis bildet unser SmartPoints® System, das komplexe Ernährungsinformationen zu einer einfachen Zahl zusammenfasst: dem SmartPoints® Wert. Dein SmartPoints® Budget wird individuell für dich berechnet. Es besteht aus täglichen und wöchentlichen SmartPoints® und basiert auf Alter, Gewicht, Größe und Geschlecht. Wenn du dich an dein SmartPoints® Budget hältst, nimmst du ab, und zwar bis zu 1 Kilo pro Woche.

ZeroPoint® Foods

ZeroPoint® Lebensmittel haben 0 SmartPoints®. Warum? Weil diese Lebensmittel die Grundlage für eine gesunde Ernährung bilden und wir dich darin bestärken möchten, hier öfter zuzugreifen. 0 Punkte Lebensmittel musst du weder wiegen, noch abmessen, zählen oder aufschreiben – und du nimmst dabei trotzdem ab.

Seit Einführung der ZeroPoint® Lebensmittel sind unsere Teilnehmer sogar noch erfolgreicher*. Lass dich überraschen, wie vielfältig und abwechlungsreich Kochen mit den 0 Punkte Lebensmitteln sein kann. Genieß es und gönne dir mehr Flexibilität und Freiheit im Alltag!

WW Healthy Kitchen®

Die WW Kochbücher sind für alle geeignet – egal, ob du WW Teilnehmer bist oder dich einfach ausgewogen ernähren und einen gesunden Lifestyle etablieren möchtest. Genau hierbei helfen dir unsere leckeren Rezepte, die ganz leicht nachzukochen sind. Zusätzlich ist jedes Rezept sowohl mit einem SmartPoints® Wert als auch der Kalorienangabe versehen, um dich auf dem Weg zur Gewichtsabnahme optimal zu unterstützen.

Mehr Informationen rund um das Programm findest du auf ww.com.

* Pre-Post-Studie an der Universität North Carolina finanziert von WW. Gewichtsdaten von Testteilnehmern nach 6 Monaten WW Freestyle.

Mit Konsequenz zum Erfolg

Jasmin
-19 kg
WW Teilnehmer

Ich war immer ein Moppel und Abnehmen bei mir ein Dauerthema. Schon als Teenie habe ich immer auf neuen Wegen versucht, überschüssige Pfunde zu verlieren. Doch mir fehlte die Disziplin, die Unterstützung und der Spaß.

Nach meiner Schwangerschaft habe ich zwar an Gewicht verloren, aber nicht so, wie ich mir das wünschte. Es hat mich einiges an Überwindung gekostet, im Sommer ins Schwimmbad zu gehen. Eine Freundin von mir hat das WW Programm gemacht und sie hatte leckere und gesunde Snacks dabei. Ich habe mir die Bilder ihrer Abnahmereise angesehen und da wusste ich – das ist auch genau das Richtige für mich. Direkt am nächsten Tag habe ich mich angemeldet.

❯ Abnehmen ohne hungern

Ich habe am Anfang jede Woche 1 Kilo abgenommen ohne zu hungern. Durch WW fand ich auch Gefallen am Kochen – mal nach WW Rezepten, mal gibt es Eigenkreationen. Im blauen Plan

weiß ich, auf welche ZeroPoint Lebensmittel ich zählen kann. Und WW geht immer und überall. Ich nehme meine Vorratsbox mit frischen Lebensmitteln mit zur Arbeit und ich weiß jetzt, auf welche Lebensmittel ich zurückgreifen kann, wenn der kleine Hunger kommt. Statt eines Croissants gibt es morgens Müsli mit Milch, Früchten und Kernen. Und Schokolade genieße ich jetzt richtig – nicht die ganze Tafel, sondern ein paar Stücke.

❯ Zu Hause sporteln

Nachdem ich bereits 19 Kilo* abgenommen hatte, habe ich mit Sport angefangen. Ich gehe joggen und mache Kraftsport mit Workout-Videos. Wir haben uns ein Mini-Fitnessstudio im Keller eingerichtet, aber eine Matte im Wohnzimmer tut es auch. Wer sich bewegen will, kann das auch und zwar überall. Einfach den ersten Schritt machen, gefolgt von einem weiteren und noch einem. Der Erfolg kommt dann von allein und das motiviert.

Für mich war Konsequenz die einzige Lösung, am Ball zu bleiben. Selbst als meine Schwägerin kurz nach meinem Einstieg bei WW zum Käseabend einlud, habe ich meine kleine Waage mitgenommen und genau so viel abgewogen, wie ich mir erlauben wollte. Das heißt nicht, dass ich auf alles verzichte – aber ich brauche den Überblick und entscheide dann bewusst, was ich mir gönnen möchte.

Meine absoluten Lieblingsrezepte sind:

❯ **Rumpsteak mit Knoblauchöl und Dip** (S. 10)
❯ **Piri-Piri-Schweinemedaillons** (S. 25)
❯ **Grillkartoffeln mit Sour Cream** (S. 63)

QR Code scannen und weitere motivierende Erfolgsgeschichten der WW Teilnehmer entdecken.

*Jasmin hat mit dem Vorgängerprogramm abgenommen und hält ihr Gewicht mit *meinWW*®+.

Erfolgsgeschichte 7

Fleisch- & Fischrezepte

für den Grill

Rumpsteak
mit Knoblauchöl und Dip

Für 4 Personen **Zubereitungszeit 15 Min.** **Garzeit 40 Min.** **Marinierzeit 10 Min.**

267 kcal | 1118 kJ

1	**Knoblauchknolle**
4	**Rumpsteaks (à 150 g)**
2 Zweige	**Rosmarin**
1 EL	**Olivenöl**
1 TL	**Chilipulver**
	Meersalz,
	grober Pfeffer
30 g	**Salatcreme,**
	bis 23 % Fett
80 g	**Magermilchjoghurt**
1 TL	**Zitronensaft**

1 Knoblauchknolle samt Schale in ein Stück Alufolie wickeln, verschließen und auf dem Rost bei indirekter Hitze ca. 30 Minuten grillen. Rumpsteaks trocken tupfen. Rosmarin waschen, trocken schütteln und hacken.

2 Knoblauchzehen herauslösen, die Hälfte pressen und mit Öl, Rosmarin, 1/2 TL Chilipulver, Salz und Pfeffer verrühren. Steaks mit Knoblauchöl in einen Gefrierbeutel geben, gut verkneten und ca. 10 Minuten marinieren. Für den Dip restlichen Knoblauch pressen, mit Salatcreme, Joghurt, Zitronensaft und restlichem Chilipulver verrühren und mit Salz und Pfeffer abschmecken.

3 Rumpsteaks auf dem Rost bei direkter Hitze 3–5 Minuten von jeder Seite grillen, ca. 5 Minuten ruhen lassen und mit Knoblauchdip servieren.

Jasmins Tipp:

Das Rumpsteak hat ein super Aroma vom Holzkohlegrill und das Knoblauchöl passt einfach herrlich zum Fleisch. Der Dip ergänzt das Gericht perfekt – und das für nur unglaubliche 5 SmartPoints.

Jasmins Lieblingsrezept

Hähnchen mit Chimichurri

Für 4 Personen **Zubereitungszeit 15 Min.** **Garzeit 10 Min.**

197 kcal | 826 kJ

1 Bund	**Minze**
1/2 Bund	**glatte Petersilie**
2	**Knoblauchzehen**
3 EL	**Weißweinessig**
2 EL	**Olivenöl**
	Salz, Pfeffer
1 Msp.	**Chiliflocken**
1 EL	**Wasser**
4	**Hähnchenbrustfilets**
	(à 120 g)
1/2 TL	**Kreuzkümmel**

1 Für die Chimichurri Minze mit Petersilie waschen, trocken schütteln und mit Knoblauch, Essig, 1 EL Öl, Salz, Chiliflocken und Wasser pürieren.

2 Hähnchen trocken tupfen, mit restlichem Öl bepinseln und mit Salz, Pfeffer und Kreuzkümmel würzen. Hähnchen auf dem Rost bei direkter Hitze 4–5 Minuten von jeder Seite grillen, mit Chimichurri beträufeln und servieren.

Jasmins Tipp:
Die Gewürzmischung ist klasse für den Sommer und die Minze verleiht dem Gericht eine leichte Frische. Das Hähnchen passt wunderbar zu sämtlichen Salaten.

Fisch-Gemüse-Spieße vom Grill

Für 4 Personen **Zubereitungszeit 15 Min.** **Garzeit 10 Min.** **Marinierzeit 30 Min.**

201 kcal | 839 kJ

1	**unbehandelte Zitrone**
2	**Knoblauchzehen**
1 EL	**Olivenöl**
2 EL	**gehackter Thymian**
	Salz, Pfeffer
450 g	**Schwertfisch**
12	**Cocktailtomaten**
1	**kleine Zucchini**
1	**rote Paprika**

1 1 TL Zitronenschale abreiben und Zitrone auspressen. Für die Marinade Knoblauch pressen und mit Öl, 1 EL Thymian, Zitronensaft, 1/2 TL Zitronenschale, Salz und Pfeffer verrühren. Schwertfisch abspülen, trocken tupfen, würfeln, mit der Hälfte der Marinade in einen Gefrierbeutel geben, vorsichtig verkneten und im Kühlschrank ca. 30 Minuten marinieren.

2 Tomaten waschen. Zucchini waschen und in Scheiben schneiden. Paprika waschen, entkernen und in Stücke schneiden. Gemüse mit restlicher Marinade vermischen und mit Schwertfisch abwechselnd auf 4 große Spieße stecken.

3 Fisch-Gemüse-Spieße auf dem Rost bei direkter Hitze ca. 10 Minuten rundherum grillen, mit restlichem Thymian und restlicher Zitronenschale bestreuen und servieren.

Gut kombiniert
Dazu passt die Kräuteraioli von Seite 105.

Schweinefilet mit Pflaumen und Zitrusmarinade

Für 6 Personen   Zubereitungszeit 15 Min.   Garzeit 20 Min.   Marinierzeit 15 Min.

168 kcal | 703 kJ

1	**Zitrone**
1	**Orange**
4 Zweige	**Thymian**
	Salz, grober Pfeffer
1 TL	**Paprikapulver**
6	**getrocknete Pflaumen**
100 g	**Frischkäse,**
	bis 5 % Fett absolut
1 TL	**körniger Senf**
600 g	**Schweinefilet**

1 1/2 Zitrone und 1/2 Orange auspressen und restliche Zitrusfrüchte filetieren. Thymian waschen, trocken schütteln und die Hälfte hacken. Für die Marinade Zitronensaft mit Orangensaft, gehacktem Thymian, Salz, Pfeffer und Paprikapulver verrühren.

2 Für die Füllung Pflaumen hacken und mit Frischkäse, Senf, Salz und Pfeffer verrühren. Schweinefilet trocken tupfen, längs aufschneiden, mit Pflaumen-Frischkäse-Mischung bestreichen und Thymianzweige daraufgeben. Schweinefilet zusammenklappen und mit Spießen feststecken.

3 Schweinefilet rundherum mit Marinade einreiben und im Kühlschrank ca. 15 Minuten marinieren. Schweinefilet auf einer Grillmatte auf dem Rost bei indirekter Hitze ca. 20 Minuten rundherum grillen, mit Salz und Pfeffer würzen, in Tranchen schneiden und mit Zitronen- und Orangenspalten servieren.

Küchentipp

Wenn du das Schweinefilet mit Holzspießen feststeckst, wässere sie vorher etwas, dann verbrennen sie nicht auf dem Grill.

Mexikanische Grillplatte

Für 6 Personen   Zubereitungszeit 50 Min.   Garzeit 15 Min.

480 kcal | 2008 kJ

2	**rote Zwiebeln**
150 g	**Avocado**
1 EL	**gehackter Koriander**
4 EL	**Limettensaft**
	Salz, Pfeffer
1	**rote Paprika**
1	**Karotte**
1	**Frühlingszwiebel**
100 g	**schwarze Bohnen (Konserve)**
80 g	**Mais (Konserve)**
2	**Knoblauchzehen**
2	**Tomaten**
1/2	**rote Chilischote**
300 g	**Rindersteak**
4 TL	**Olivenöl**
1 TL	**Kreuzkümmel**
1 Msp.	**Cayennepfeffer**
1 Msp.	**geräuchertes Paprikapulver**
600 g	**küchenfertige Garnelen**
1 Prise	**Chiliflocken**
1/2	**kleiner Eisbergsalat**
12	**Mini-Tortillawraps (à 25 g)**
6 EL	**geriebener Käse, 30 % Fett i. Tr.**
3 EL	**saure Sahne**

1   Zwiebeln schälen und fein würfeln. Für die Guacamole Avocado halbieren, Stein entfernen und Fruchtfleisch aus der Schale lösen. Avocadofruchtfleisch mit einer Gabel zerdrücken, mit der Hälfte der Zwiebeln, Koriander und 1 EL Limettensaft verrühren und mit Salz und Pfeffer abschmecken. Paprika waschen, entkernen und fein würfeln. Karotte schälen und in Stifte hobeln. Frühlingszwiebel waschen und in Ringe schneiden. Bohnen abspülen und mit Mais abgießen. Knoblauch pressen. Für den Bohnensalat Paprika mit Karotten, Frühlingszwiebeln, Bohnen, Mais, einem Drittel des Knoblauchs und 2 EL Limettensaft verrühren und mit Salz und Pfeffer abschmecken.

2   Tomaten waschen und würfeln. Chilischote waschen, entkernen und fein hacken. Für die Salsa Tomaten mit restlichen Zwiebeln, einem Drittel des Knoblauchs und 1/2 EL Limettensaft verrühren und mit Salz und Pfeffer abschmecken. Steak trocken tupfen und mit 1 TL Öl, 1/2 TL Kreuzkümmel, Cayennepfeffer und Paprikapulver einreiben. Steak auf dem Rost bei direkter Hitze 2–4 Minuten von jeder Seite grillen, kurz ruhen lassen, mit Salz und Pfeffer würzen und in Tranchen schneiden.

3   Garnelen abspülen, trocken tupfen und mit restlichem Öl, restlichem Knoblauch, restlichem Kreuzkümmel und Chiliflocken vermischen. Garnelen in einer Aluschale oder einer feuerfesten Form auf dem Rost bei direkter Hitze 5–7 Minuten rundherum grillen, mit Salz und Pfeffer würzen und mit restlichem Limettensaft beträufeln. Salat waschen, trocken schleudern und in Streifen schneiden. Tortillawraps erwärmen und mit Guacamole, Bohnensalat, Salsa, Steak, Garnelen, Salat, Käse und saurer Sahne anrichten. Grillplatte servieren.

Fruchtige Lamm-Pistazien-Spieße

Für 6 Personen **Zubereitungszeit 15 Min.** **Garzeit 15 Min.**

152 kcal | 636 kJ

450 g	**Lammfilet**
30 g	**gehackte Pistazien**
1 EL	**Pankomehl**
	Salz, Pfeffer
1/2 TL	**geräuchertes Paprikapulver**
1 Prise	**Chiliflocken**
1	**rote Zwiebel**
12	**Cocktailtomaten**
240 g	**Ananas**

1 Lammfilet trocken tupfen und würfeln. Pistazien mit Pankomehl, Salz, Pfeffer, Paprikapulver und Chiliflocken vermischen und Lamm darin wenden. Zwiebel schälen und in Spalten schneiden. Tomaten waschen. Ananas schälen, vierteln, den Strunk entfernen und Ananas würfeln.

2 Lamm, Zwiebeln, Tomaten und Ananas abwechselnd auf 6 Spieße stecken und auf dem Rost bei direkter Hitze 15–17 Minuten rundherum grillen. Lamm-Pistazien-Spieße servieren.

Ananas richtig schälen

Gefüllte Kräuterdorade

Für 2 Personen **Zubereitungszeit 10 Min.** **Garzeit 20 Min.**

578 kcal | 2419 kJ

8 Stängel	**Petersilie**
8 Stängel	**Kerbel**
4 Stängel	**Basilikum**
4 Stängel	**Dill**
4 Zweige	**Thymian**
2	**Knoblauchzehen**
6 TL	**Olivenöl**
	Meersalz,
	grober Pfeffer
1	**unbehandelte Zitrone**
2	**küchenfertige Doraden (à ca. 300 g verzehrbarer Anteil)**

1 Kräuter waschen, trocken schütteln, mit Knoblauch fein hacken und mit 2 TL Öl, Salz und Pfeffer vermischen. Zitrone in Scheiben schneiden. Doraden abspülen, trocken tupfen, die Haut längs einschneiden, mit restlichem Öl einreiben und von innen und außen salzen.

2 Doraden mit Kräutermischung und Zitronenscheiben füllen und in eine Fischzange legen. Dorade auf dem Rost bei direkter Hitze 8–10 Minuten von jeder Seite grillen. Kräuterdorade servieren.

Küchentipp

Wer keine Fischzange hat, kann die Dorade auch auf Alufolie oder Zitronenscheiben grillen. Doch Vorsicht bei Alufolie: Das Grillgut sollte hier erst nach dem Grillen gesalzen und mit Säure verfeinert werden.

Jasmins Lieblingsrezept

Piri-Piri-Schweinemedaillons

Für 4 Personen **Zubereitungszeit 10 Min.** **Garzeit 15 Min.** **Marinierzeit 30 Min.**

176 kcal | 738 kJ

1	**rote Chilischote**
1	**Knoblauchzehe**
1 1/2 EL	**Rapsöl**
1 EL	**Limettensaft**
1 TL	**Piri-Piri-Gewürzmischung**
	Salz, Pfeffer
4	**Schweinefiletmedaillons (à 120 g)**

1 Für die Marinade Chilischote waschen, entkernen und fein hacken. Knoblauch pressen und mit Chili, Öl, Limettensaft, Piri-Piri, Salz und Pfeffer verrühren. Schweinemedaillons trocken tupfen, mit der Hälfte der Marinade in einen Gefrierbeutel geben, gut verkneten und im Kühlschrank ca. 30 Minuten marinieren.

2 Schweinemedaillons abtropfen lassen und auf dem Rost bei direkter Hitze 5–7 Minuten von jeder Seite grillen. Schweinemedaillons mit restlicher Piri-Piri-Sauce beträufeln und servieren.

Jasmins Tipp:

Wer Chili und Knoblauch genauso liebt wie ich, muss dieses Rezept ausprobieren. Die Medaillons sind zart und saftig und eignen sich perfekt für den Grill. Bei der Chilischote kann man variieren: Ich habe eine scharfe genommen, es gibt aber auch mildere. Die Piri-Piri-Gewürzmischung kann ich jedem empfehlen, der etwas Spannung in seinem Essen mag.

Limettenlachs mit Quinoasalat

Für 4 Personen   **Zubereitungszeit 15 Min.**   **Garzeit 25 Min.**

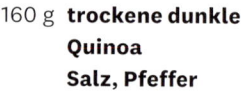

483 kcal | 2022 kJ

160 g	**trockene dunkle Quinoa**
	Salz, Pfeffer
2	**Limetten**
500 g	**Lachsfilet**
je 1	**rote und gelbe Paprika**
1	**rote Zwiebel**
150 g	**grüne Bohnen (TK)**
2 TL	**Olivenöl**
1 Msp.	**Chilipulver**
4 Stängel	**glatte Petersilie**

1 Quinoa nach Packungsanweisung in Salzwasser garen. Limetten auspressen. Lachs abspülen, trocken tupfen, mit der Hälfte des Limettensaftes beträufeln und mit Salz und Pfeffer würzen.

2 Paprika waschen, entkernen und in Streifen schneiden. Zwiebel schälen und in Spalten schneiden. Bohnen ca. 5 Minuten in Salzwasser blanchieren. Öl in einer Pfanne auf mittlerer bis hoher Stufe erhitzen und Zwiebeln mit Paprika und Bohnen darin 5–7 Minuten anbraten. Gemüse mit restlichem Limettensaft ablöschen und mit Chilipulver, Salz und Pfeffer würzen.

3 Lachs auf dem Rost bei direkter Hitze ca. 3 Minuten von jeder Seite grillen. Petersilie waschen, trocken schütteln und Blätter abzupfen. Gemüse mit Quinoa und Petersilie auf einem Teller verteilen, Lachs darauf anrichten und servieren.

Türkische Hackbällchen

Für 6 Personen　**Zubereitungszeit 15 Min.**　**Garzeit 10 Min.**

180 kcal | 751 kJ

1	**Zwiebel**
1	**Knoblauchzehe**
1 EL	**Pinienkerne**
400 g	**Tatar**
250 g	**Lammhackfleisch aus Lammfilet**
1 EL	**Ajvar (Paprikapaste)**
2 EL	**gehackte Petersilie**
1 EL	**gehackte Minze**
1 TL	**Paprikapulver**
1 Msp.	**Cayennepfeffer**
	Salz, Pfeffer
135 g	**Schafskäse, 25 % Fett i. Tr.**

1 Zwiebel schälen und mit Knoblauch fein würfeln. Pinienkerne hacken und mit Zwiebeln, Knoblauch, Tatar, Lammhackfleisch, Ajvar, Petersilie, Minze, Paprikapulver, Cayennepfeffer, Salz und Pfeffer verkneten. Aus der Masse 18 Bällchen formen.

2 Schafskäse in 18 Würfel schneiden, je 1 Stück in die Mitte jedes Bällchens drücken und verschließen. Hackbällchen auf 6 Spieße stecken und auf dem Rost bei direkter Hitze ca. 10 Minuten rundherum grillen. Türkische Hackbällchen servieren.

Jasmins Tipp:

Die Hackbällchen sind schön herzhaft und deftig. Köstlich ist die Mitte mit dem halb geschmolzenen Schafskäse, außen sind sie schön knusprig. Dazu passt der Joghurt-Limetten-Dip (Seite 105) perfekt.

Buffalo-Hähnchen-Salat

Für 4 Personen   **Zubereitungszeit 15 Min.**   **Garzeit 10 Min.**

296 kcal | 1237 kJ

1 Msp.	**Chilipulver**
1/2 TL	**Kreuzkümmel**
1/2 TL	**geräuchertes**
	Paprikapulver
	Salz, Pfeffer
500 g	**Hähnchenbrustfilet**
1	**Knoblauchzehe**
2 EL	**Olivenöl**
2 EL	**Rotweinessig**
1	**Römersalatherz**
1/2	**Salatgurke**
2 Stangen	**Staudensellerie**
2	**Frühlingszwiebeln**
1	**rote Paprika**
1	**Karotte**
2 TL	**Tabasco**
50 g	**Blauschimmelkäse,**
	50 % Fett i. Tr.

1 Für den Rub Chilipulver mit Kreuzkümmel, Paprikapulver, Salz und Pfeffer vermischen. Hähnchenbrust trocken tupfen, in 12 Streifen schneiden und mit Rub einreiben. Für das Dressing Knoblauch pressen und mit Öl, Essig, Salz und Pfeffer verrühren.

2 Salat waschen, trocken schleudern und in mundgerechte Stücke zerteilen. Gurke waschen und würfeln. Sellerie waschen und in Scheiben schneiden. Frühlingszwiebeln waschen und in Ringe schneiden. Paprika waschen, entkernen und würfeln. Karotte schälen und in kleine Stücke schneiden. Salat und Gemüse mit Dressing vermischen und auf einer Platte anrichten.

3 Hähnchen auf dem Rost bei direkter Hitze 3–4 Minuten von jeder Seite grillen, mit Tabasco beträufeln und auf dem Salat anrichten. Blauschimmelkäse darüberbröseln und Buffalo-Hähnchen-Salat servieren.

Steak mit Kaffeerub und Salsa

Für 6 Personen   **Zubereitungszeit 15 Min.**   **Garzeit 10 Min.**

259 kcal | 1085 kJ

1 EL	**Instant-Espresso-pulver**
1 EL	**brauner Zucker**
1 TL	**Kreuzkümmel**
1 TL	**Chilisauce (auf Tomatenbasis)**
	Salz, Pfeffer
800 g	**Rindersteak**
3	**reife Birnen**
1	**rote Zwiebel**
1	**grüne Chilischote**
50 g	**getrocknete Cranberries**
2 EL	**gehackter Koriander**
2 EL	**Limettensaft**
1 EL	**Olivenöl**

1 Für den Rub Espressopulver mit Zucker, Kreuzkümmel, Chilisauce, Salz und Pfeffer vermischen. Steak trocken tupfen, mit Rub einreiben und kurz ruhen lassen.

2 Für die Salsa Birnen waschen, vierteln, entkernen und würfeln. Zwiebel schälen und fein würfeln. Chilischote waschen, entkernen und hacken. Birnen mit Zwiebeln, Chili, Cranberries, Koriander und Limettensaft verrühren und mit Salz und Pfeffer abschmecken.

3 Steak mit Öl bepinseln und auf dem Rost bei direkter Hitze ca. 5 Minuten von jeder Seite grillen. Steak ca. 5 Minuten ruhen lassen, in Streifen schneiden und mit Salsa servieren.

Gemischte Meeresfrüchteplatte

Für 8 Personen   Zubereitungszeit 30 Min.   Garzeit 15 Min.

258 kcal | 1080 kJ

350 g	**Kabeljaufilet**
350 g	**Lachsfilet**
2	**unbehandelte Zitronen**
300 g	**küchenfertige Garnelen**
4 TL	**Olivenöl**
2 TL	**Dukkah-Gewürz**
350 g	**Tintenfischtuben**
1/2 TL	**Chiliflocken**
1/2 Bund	**Petersilie**
2 EL	**gehackter Dill**
2 EL	**Schnittlauchringe**
2 EL	**Salatcreme, bis 23 % Fett Salz, grober Pfeffer**
1	**Knoblauchzehe**
8	**Jakobsmuscheln**

1 Kabeljau mit Lachs abspülen, trocken tupfen und in kleine Würfel schneiden. 1 Zitrone vierteln und in Scheiben schneiden. Kabeljau, Lachs und Zitronenscheiben auf 8 Spieße stecken und abgedeckt im Kühlschrank ziehen lassen. Garnelen abspülen, trocken tupfen, mit 2 TL Öl vermischen und mit Dukkah würzen. Garnelen auf Spieße stecken und abgedeckt im Kühlschrank ziehen lassen.

2 Tintenfisch abspülen, trocken tupfen, an einer Seite einschneiden und im Zick-Zack einritzen. Tintenfisch in kleine Stücke schneiden, mit 1 TL Öl vermischen und mit Chiliflocken würzen. Restliche Zitrone vierteln und 1 Zitronenviertel auspressen. Für den Kräuterdip Petersilie waschen, trocken schütteln, fein hacken und mit Zitronensaft, Dill, Schnittlauch, Salatcreme, Salz und Pfeffer verrühren.

3 Knoblauch pressen. Jakobsmuscheln abspülen, trocken tupfen und mit restlichem Öl und Knoblauch vermischen. Fischspieße auf dem Rost bei direkter Hitze 5–6 Minuten rundherum grillen. Garnelenspieße auf dem Rost bei direkter Hitze 1–2 Minuten von jeder Seite grillen. Tintenfisch gegebenenfalls auf Spieße stecken und mit Jakobsmuscheln auf dem Rost bei direkter Hitze ca. 1 Minute von jeder Seite grillen. Fisch und Meeresfrüchte auf einer Platte anrichten und mit Kräuterdip und Zitronenvierteln servieren.

Kokos-Curry-Schnitzel

Für 4 Personen   **Zubereitungszeit 10 Min.**   **Garzeit 10 Min.**   **Marinierzeit 30 Min.**

176 kcal | 734kJ

100 ml	**fettreduzierte Kokosmilch**
	Salz, Pfeffer
1 TL	**Curry**
4	**Hähnchenschnitzel (à 120 g)**
2 EL	**Kokosraspel**

1 Für die Marinade Kokosmilch mit Salz, Pfeffer und Curry verrühren. Hähnchen trocken tupfen, flacher klopfen, mit Marinade in einen Gefrierbeutel geben, gut verkneten und im Kühlschrank ca. 30 Minuten marinieren.

2 Hähnchen abtropfen lassen, in Kokosraspeln wenden und auf dem Rost bei direkter Hitze 5–7 Minuten von jeder Seite grillen. Kokos-Curry-Schnitzel servieren.

Küchentipp
Um zu verhindern, dass das Fleisch am Rost klebt, kannst du das Schnitzel auch auf Alufolie grillen.

Hähnchen-Halloumi-Spieße

Für 4 Personen   **Zubereitungszeit 20 Min.**   **Garzeit 15 Min.**

329 kcal | 1374 kJ

1/2	**unbehandelte Zitrone**
4 Zweige	**Thymian**
1	**rote Chilischote**
2 TL	**Olivenöl**
	Salz, Pfeffer
350 g	**Hähnchenbrustfilets**
200 g	**Halloumi**
1	**rote Paprika**
1	**Zucchini**
200 g	**Magermilchjoghurt**
1 TL	**Harissapaste**
60 g	**Rucola**

1 4 Holzspieße in Wasser einweichen. 1 Msp. Zitronen-schale abreiben und Zitronenhälfte auspressen. Thymian waschen, trocken schütteln und hacken. Chilischote waschen, entkernen und fein hacken. Zitronenschale, -saft, Öl, Thymian, Chili, Salz und Pfeffer vermischen.

2 Hähnchen trocken tupfen und mit Halloumi in Würfel schneiden. Paprika waschen, entkernen und in Stücke schneiden. Zucchini waschen, längs halbieren und in dicke Scheiben schneiden. Hähnchen, Halloumi und Gemüse auf Holzspieße stecken, mit Marinade bepinseln und auf dem Rost bei direkter Hitze 10–12 Minuten rundherum grillen.

3 Joghurt mit Harissapaste verrühren. Rucola waschen und trocken schleudern. Hähnchen-Halloumi-Spieße mit Harissajoghurt und Rucola servieren.

Gut kombiniert
Dazu passt Pitabrot. Berechne pro Pitabrot (60 g) in jedem Plan 4 SmartPoints.

Rinderfilet mit Paprikasalsa

Für 4 Personen   Zubereitungszeit 15 Min.   Garzeit 5 Min.

238 kcal | 995 kJ

1 Bund	**Koriander**
1	**unbehandelte Limette**
1	**Knoblauchzehe**
1/2 TL	**Kreuzkümmel**
1 Msp.	**Cayennepfeffer**
150 g	**gegrillte Paprika in Lake**
	Salz, grober Pfeffer
4	**Rinderfilets (à 150 g)**
1 EL	**Olivenöl**

1 Koriander waschen, trocken schütteln und hacken. 1 Msp. Limettenschale abreiben und Limette in Spalten schneiden. Knoblauch fein hacken und mit Koriander, Limettenschale, Kreuzkümmel und Cayennepfeffer vermengen. Paprika fein würfeln, untermischen und mit Salz und Pfeffer abschmecken.

2 Rinderfilets trocken tupfen, mit Öl bepinseln und mit Salz und Pfeffer würzen. Rinderfilets auf dem Rost bei direkter Hitze ca. 3 Minuten von jeder Seite grillen, ca. 1 Minute ruhen lassen und mit Paprikasalsa und Limettenspalten servieren.

Asia-Thunfisch-Steaks mit Reis

Für 4 Personen **Zubereitungszeit 15 Min.** **Garzeit 10 Min.** **Marinierzeit 60 Min.**

435 kcal | 1819 kJ

1	**rote Chilischote**
1 Stück	**Ingwer (ca. 3 cm)**
1	**Knoblauchzehe**
1	**unbehandelte Limette**
3 EL	**gehackter Koriander**
1 EL	**Sojasauce**
1 EL	**Olivenöl**
	Salz, Pfeffer
4	**Thunfischsteaks (à 125 g)**
240 g	**trockener 10-Minuten-Naturreis**

1 Chilischote waschen, entkernen und hacken. Ingwer schälen und reiben. Knoblauch pressen. 1 Msp. Limettenschale abreiben, 1 Limettenhälfte auspressen und restliche Limettenhälfte in Scheiben schneiden.

2 Für die Marinade drei Viertel der Chili mit Ingwer, Knoblauch, Limettenschale, 2 EL Koriander, Sojasauce, Öl und Pfeffer vermengen. Thunfisch abspülen, trocken tupfen, mit Marinade in einen Gefrierbeutel geben und im Kühlschrank ca. 60 Minuten marinieren.

3 Reis nach Packungsanweisung in Salzwasser garen. Thunfisch abtropfen lassen und auf dem Rost bei direkter Hitze 3–5 Minuten von jeder Seite grillen. Asia-Thunfisch-Steaks mit Reis anrichten, mit restlichem Koriander und restlicher Chili bestreuen und mit Limettenscheiben garniert servieren.

BURGER
Special

Was macht eigentlich den perfekten Burger aus? Ein saftiges Fleisch- oder Veggiepatty, selbstgemachte Brötchen, cremige Saucen und knackige Toppings. Auf den nächsten Seiten findest du die passenden Rezepte. Bau dir deinen eigenen Burger oder genieße unsere Burgerkombinationen.

Deftige
FLEISCHPATTIES

Burgerpatty classic

4 Stück   **Zubereitungszeit 5 Min.**   **Garzeit 10 Min.**   220 kcal | 922 kJ

250 g Rinderhackfleisch mit **250 g Tatar**, **Salz** und **Pfeffer** verkneten, aus der Masse 4 Patties formen und auf dem Rost bei direkter Hitze 3–5 Minuten von jeder Seite grillen.

Geflügelpatty mediterran

4 Stück   **Zubereitungszeit 5 Min.**   **Garzeit 10 Min.**   131 kcal | 549 kJ

500 g Geflügelhackfleisch (aus Geflügelbrustfilet) mit **1 gepressten Knoblauchzehe**, **1 TL getrocknetem Thymian**, **1 TL gehacktem Rosmarin**, **1 TL gehacktem Oregano**, **Salz** und **Pfeffer** verkneten, aus der Masse 4 Patties formen und auf dem Rost bei direkter Hitze 3–5 Minuten von jeder Seite grillen.

Tatarpatty mit Käse

4 Stück   **Zubereitungszeit 5 Min.**   **Garzeit 10 Min.**   195 kcal | 815 kJ

400 g Tatar mit **80 g geriebenem Cheddar**, **1/2 TL Worcestersauce**, **1 Msp. Cayennepfeffer**, **1 TL gemahlenen Senfkörnern**, **1 Msp. Zwiebelpulver**, **Salz** und **Pfeffer** verkneten, aus der Masse 4 Patties formen und auf dem Rost bei direkter Hitze 3–5 Minuten von jeder Seite grillen.

Quinoapatty mit Leinsamen

4 Stück   Zubereitungszeit 10 Min.   Garzeit 30 Min.   193 kcal | 808 kJ

160 g trockene helle Quinoa nach Packungsanweisung in **Salzwasser** garen. **2 EL geschrotete Leinsamen** und **2 EL zarte Haferflocken** mit **4 EL Wasser** verrühren und kurz ziehen lassen. **1 kleine Zwiebel** fein würfeln. **1 Knoblauchzehe** pressen und mit Zwiebeln, Quinoa, Leinsamenmischung, **1 EL Tomatenmark**, **1 TL Paprikapulver**, **1/2 TL Cayennepfeff**er, Salz und **Pfeffer** verrühren, die Hälfte pürieren und mit restlicher Masse verrühren. Aus der Masse 4 Patties formen und auf dem Rost bei direkter Hitze ca. 5 Minuten von jeder Seite grillen.

Grünkernpatty mit Quark

4 Stück   Zubereitungszeit 10 Min.   Garzeit 30 Min.   145 kcal | 608 kJ

120 g trockenen Grünkern nach Packungsanweisung in **Salzwasser** garen. **60 g Schafskäse, 25 % Fett i. Tr.** zerbröseln, mit Grünkern, **60 g Magerquark**, **2 EL gehackter Petersilie**, **1 TL Paprikapulver**, **1 TL Kreuzkümmel**, Salz und **Pfeffer** verkneten. Aus der Masse 4 Patties formen und auf dem Rost bei direkter Hitze ca. 5 Minuten von jeder Seite grillen.

Kichererbsenpatty mit Pilzen

4 Stück   Zubereitungszeit 10 Min.   Garzeit 20 Min.   144 kcal | 604 kJ

250 g braune Champignons fein würfeln. **1 rote Zwiebel** schälen und würfeln. **1 TL Rapsöl** in einer Pfanne auf mittlerer Stufe erhitzen und Champignons mit Zwiebeln darin 8–10 Minuten braten. **150 g Kichererbsen (Konserve)** abspülen, abtropfen lassen, mit der Hälfte der Champignons, **1 Knoblauchzehe**, **70 g Kichererbsenmehl**, **1 EL Tomatenmark**, **4 getrockneten Tomaten**, **1 TL heller Misopaste**, **1 TL geräuchertem Paprikapulver**, **Salz** und **Pfeffer** pürieren und mit restlichen Champignons verrühren. Aus der Masse 4 Patties formen und auf dem Rost bei direkter Hitze ca. 5 Minuten von jeder Seite grillen.

Herzhafte
VEGGIEPATTIES

TOLLE TOPPINGS

Zwiebelchutney

8 Personen   39 kcal | 164 kJ

1 Gemüsezwiebel schälen und in feine Streifen schneiden. **1 EL Olivenöl** in einem Topf auf mittlerer Stufe erhitzen und Zwiebeln darin ca. 3 Minuten andünsten. Mit **1 EL Zucker** bestreuen, mit **3 EL dunklem Balsamicoessig** ablöschen und auf niedriger Stufe ca. 25 Minuten köcheln lassen. Zwiebelchutney mit **Salz** abschmecken und servieren.

Gurkenrelish

8 Personen   29 kcal | 121 kJ

1 Salatgurke schälen, halbieren und Kerne mit einem Löffel entfernen. **2 Schalotten** schälen und mit Gurke fein würfeln. Gurken mit Schalotten, **2 EL Zucker**, **6 EL Weißweinessig**, **2 TL Senfkörner**, **1 TL Salz** und **1 Prise Pfeffer** in einem Topf auf mittlerer Stufe mit Deckel ca. 10 Minuten köcheln lassen. Gurkenrelish ohne Deckel weitere ca. 15 Minuten köcheln und ca. 15 Minuten abkühlen lassen. Gurkenrelish mit **1 EL gehacktem Dill** verrühren und servieren.

SELBSTGEMACHTE BUNS

Burgerbrötchen mit Sesam

 6 **6** **6**

8 Stück **Zubereitungszeit 20 Min.** **Garzeit 20 Min.** **Gehzeit 90 Min.**

219kcal | 917 kJ

1/2 Würfel Hefe zerbröckeln und mit **1 Prise Zucker** in **200 ml warmem Wasser** auflösen. **30 g Halbfettmargarine**, **1 TL Salz** und **440 g Mehl** vermischen, Hefemischung dazugeben, zu einem glatten Teig verkneten und abgedeckt ca. 60 Minuten gehen lassen. Arbeitsfläche mit **10 g Mehl** bestäuben, Teig darauf verkneten, zu einer Rolle formen, in 8 Teile teilen und zu 8 Brötchen formen. Burgerbrötchen auf ein mit Backpapier ausgelegtes Backblech legen und weitere ca. 30 Minuten gehen lassen. Backofen auf 200° C (Gas: Stufe 3, Umluft: 180° C) vorheizen. Brötchen mit **2 EL fettarmer Milch** bestreichen, mit **1 EL Sesam** bestreuen und im Backofen auf mittlerer Schiene 18–20 Minuten backen.

Variante: Mehrkornbrötchen

Verwende statt Weizenmehl **Roggenvollkornmehl** und erhöhe das **Wasser** auf **220 ml**. Bestreue die Brötchen vor dem Backen mit **1 EL Sonnenblumenkernen** und **1 EL Leinsamen** statt mit Sesam.
Der SmartPoints Wert ändert sich nicht.

Deine Vorteile

Selbstgemachte Brötchen sparen zwar nicht immer SmartPoints, du weißt jedoch genau, was drin ist, es ist günstig und du benötigst nur wenige Zutaten. Und: Selbstgemacht schmeckt's doch immer am besten.

BOMBASTISCHE
BURGERKOMBIS

Rezept
auf Seite 102

Burgerbrötchen mit Sesam+
Grünkernpatty mit Quark +
3 EL Chili-BBQ-Sauce +
Salat +
Tomaten +
2 EL Gurkenrelish

Rezept
auf Seite 105

Kleines Hamburger-Brötchen +
Tatarpatty mit Käse +
2 EL Joghurt-Limetten-Dip+
Gewürzgurken +
Salat +
Zwiebeln

8 **7** **7**

Toast-Brötchen +
Kichererbsenpatty mit Pilzen +
2 EL Sour Cream +
Salat +
1 EL Zwiebelchutney

Rezept
auf Seite 63

11 **7** **7**

Mehrkornbrötchen +
Geflügelpatty mediterran +
3 EL Chili-BBQ-Sauce +
Tomaten-Zwiebel-Salsa +
Salat +
1 Spiegelei

Rezept
auf Seite 94

Vegetarische Highlights
für mehr Abwechslung

Grillgemüsespieße mit rauchiger Auberginencreme

Für 6 Personen   Zubereitungszeit 20 Min.   Garzeit 45 Min.   Kühlzeit 10 Min.

94 kcal | 394 kJ

1	**große Aubergine**
1	**rote Zwiebel**
je 1	**kleine grüne und gelbe Zucchini**
6	**Champignons**
12	**Cocktailtomaten**
2	**Knoblauchzehen**
2 EL	**Olivenöl**
1 TL	**getrockneter Oregano Meersalz, Pfeffer**
1 EL	**Tahin (Sesampaste)**
2 EL	**Zitronensaft**
1/2 TL	**geräuchertes Paprikapulver**
2 EL	**Granatapfelkerne**

1 Aubergine waschen, auf dem Rost bei direkter Hitze 25–30 Minuten rundherum grillen und ca. 10 Minuten abkühlen lassen. Zwiebel schälen und in Spalten schneiden. Zucchini waschen, längs halbieren und in dicke Scheiben schneiden. Champignons trocken abreiben und Tomaten waschen.

2 Gemüse abwechselnd auf 6 Spieße stecken. 1 Knoblauchzehe pressen, mit 1 EL Öl, Oregano, Salz und Pfeffer verrühren und Spieße damit bepinseln. Aubergine häuten, Auberginenfruchtfleisch mit restlichem Öl, restlichem Knoblauch, Tahin, Zitronensaft, Paprikapulver, Salz und Pfeffer pürieren und mit Granatapfelkernen bestreuen.

3 Grillgemüsespieße auf dem Rost bei direkter Hitze ca. 15 Minuten rundherum grillen und mit Auberginencreme servieren.

Jasmins Tipp:

Bei einem so farbenfrohen Gericht bekommt man direkt Lust aufs Grillen. Wenn ihr mal nicht so viel Zeit habt oder Auberginencreme nicht so gern mögt, könnt ihr zu den Spießen auch einen anderen Dip servieren, z. B. den Joghurt-Limetten-Dip von Seite 105.

Ziegenkäse-Spargel-Päckchen

Für 4 Personen **Zubereitungszeit 10 Min.** **Garzeit 15 Min.**

94 kcal | 393 kJ

600 g	**grüner Spargel**
2 TL	**Olivenöl**
	Salz, grober Pfeffer
1/2	**unbehandelte Zitrone**
8 Zweige	**Zitronenthymian**
80 g	**Ziegenfrischkäse, 45 % Fett i. Tr.**

1 Spargel waschen, das untere Drittel schälen und Spargel mit Öl, Salz und Pfeffer vermischen. Spargel auf dem Rost bei direkter Hitze 3–5 Minuten rundherum grillen.

2 1 TL Zitronenschale abreiben und Zitronenhälfte in Spalten schneiden. Zitronenthymian waschen und trocken schütteln. Spargel auf 4 Stücke Alufolie verteilen, Ziegenfrischkäse darauf verteilen und Zitronenschale, Zitronenthymian und Pfeffer daraufgeben.

3 Alufolie jeweils zu Päckchen verschließen und auf dem Rost bei direkter Hitze 8–10 Minuten grillen. Ziegenkäse-Spargel-Päckchen mit Salz und Pfeffer würzen und mit Zitronenspalten servieren.

Regenbogensalat vom Grill

Für 8 Personen **Zubereitungszeit 20 Min.** **Garzeit 20 Min.**

113 kcal | 474 kJ

3	**gelbe Paprika**
1	**große Aubergine**
3	**Zucchini**
200 g	**Cocktailtomaten**
4 TL	**Olivenöl**
1	**Knoblauchzehe**
1 EL	**Zitronensaft**
80 g	**Magermilchjoghurt**
2 TL	**Tahin (Sesampaste)**
	Salz, Pfeffer
1/2 TL	**Kreuzkümmel**
2 EL	**Wasser**
1	**Granatapfel**
4 EL	**gehackte Petersilie**

1 Paprika waschen, entkernen, vierteln und auf dem mit Alufolie ausgelegten Rost bei direkter Hitze 8–10 Minuten grillen. Paprika abgedeckt ruhen lassen. Aubergine mit Zucchini waschen und längs in dünne Scheiben schneiden. Tomaten waschen und halbieren. Aubergine und Zucchini mit Öl bepinseln und mit Tomaten auf dem mit Alufolie ausgelegten Rost bei direkter Hitze ca. 4 Minuten von jeder Seite grillen. Gemüse warm halten.

2 Für das Dressing Knoblauch pressen und mit Zitronensaft, Joghurt, Tahin, Salz, Pfeffer, Kreuzkümmel und Wasser verrühren. Paprika unter fließendem Wasser häuten und in Streifen schneiden. Granatapfel vierteln und Kerne herauslösen. Gemüse auf einem großen Teller anrichten, mit Dressing beträufeln und mit Petersilie und Granatapfelkernen bestreuen. Regenbogensalat servieren.

Jasmins Lieblingsrezept

Grillkartoffeln mit Sour Cream

Für 4 Personen   Zubereitungszeit 10 Min.   Garzeit 30 Min.

184 kcal | 768 kJ

500 g	**Drillinge (kleine Kartoffeln)**
1 EL	**Olivenöl**
1/2	**Salatgurke**
250 g	**Magerquark**
50 g	**saure Sahne**
2 EL	**Mineralwasser**
1 EL	**Schnittlauchringe Meersalz, grober Pfeffer**

1 Drillinge waschen, mit Öl vermischen, in 4 Portionen teilen und mit Alufolie umwickeln. Kartoffeln auf dem Rost bei direkter Hitze ca. 30 Minuten grillen, dabei regelmäßig wenden.

2 Für die Sour Cream Gurke waschen, fein würfeln und mit Quark, saurer Sahne, Mineralwasser, Schnittlauch, Salz und Pfeffer verrühren. Grillkartoffeln mit Meersalz bestreuen und mit Sour Cream servieren.

Jasmins Tipp:

Kartoffeln sind super Energielieferanten und so vielseitig. Gegrillt mit der Sour Cream sind sie zum Reinlegen. Dazu passt ein leckeres Stück Fleisch oder ein Gemüsespieß. Wer es gerne scharf mag, so wie ich, kann die Kartoffeln zusätzlich mit etwas Chilipulver bestreuen.

Gegrillter Romanasalat mit rotem Pesto

Für 4 Personen   Zubereitungszeit 20 Min.   Garzeit 10 Min.

157 kcal | 658 kJ

200 g	**rote Paprika in Lake**
2	**Knoblauchzehen**
4 EL	**gehackte Petersilie**
	Salz, Pfeffer
1	**Schalotte**
1	**rote Chilischote**
2 EL	**gehackter Koriander**
50 ml	**Rotweinessig**
5 TL	**Olivenöl**
2 EL	**Wasser**
2	**Römersalatherzen**
1	**Zitrone**
je 1 EL	**geröstete Kürbis- und Sonnenblumenkerne**

1 Für das Pesto Paprika mit 1 Knoblauchzehe, 2 EL Petersilie, Salz und Pfeffer pürieren. Schalotte schälen und fein würfeln. Chilischote waschen, entkernen und mit restlichem Knoblauch fein hacken. Für die Kräuter-Chili-Mischung Schalotten mit Chili, Knoblauch, Koriander, restlicher Petersilie, Essig, 3 TL Öl und Wasser verrühren und mit Salz und Pfeffer abschmecken.

2 Salat waschen, trocken schütteln und samt Strunk längs halbieren. Zitrone in Spalten schneiden. Salatschnittflächen mit restlichem Öl bepinseln und auf dem Rost bei direkter Hitze ca. 2 Minuten von jeder Seite grillen. Salat mit Pesto bestreichen, mit Kräuter-Chili-Mischung beträufeln und mit Kernen bestreuen. Gegrillten Romanasalat mit Zitronenspalten servieren.

Kräuter-Grill-Brot

Für 8 Stück   Zubereitungszeit 20 Min.   Garzeit 20 Min.   Gehzeit 90 Min.

219 kcal | 916 kJ

1/2 Würfel	**Hefe**
1 Prise	**Zucker**
200 ml	**lauwarmes Wasser**
420 g	**Mehl**
40 g	**vegane Halbfett-margarine**
1 TL	**Salz**
1 TL	**gehackter Thymian**
1 TL	**gehackter Oregano**
2 TL	**gehackter Rosmarin**
1	**Knoblauchzehe**
1 EL	**Olivenöl**

1 Hefe zerbröckeln und mit Zucker in Wasser auflösen. 400 g Mehl, Margarine, Salz, Thymian, Oregano und 1 TL Rosmarin in eine Schüssel geben, mit Hefemischung zu einem glatten Teig verrühren und zugedeckt an einem warmen Ort ca. 60 Minuten gehen lassen.

2 Arbeitsfläche mit 10 g Mehl bestäuben, Teig darauf in 8 Teile teilen und vorsichtig zu ovalen Fladen ausrollen. Backpapier mit restlichem Mehl bestreuen und Teigfladen darauf nebeneinander abgedeckt weitere ca. 30 Minuten gehen lassen.

3 Knoblauch pressen und mit Öl und restlichem Rosmarin verrühren. Teigfladen mit Kräuteröl bepinseln und auf dem mit Alufolie ausgelegten Rost bei direkter Hitze 7–10 Minuten von jeder Seite grillen. Kräuter-Grill-Brot servieren.

Maiskolben
mit süß-scharfer Marinade

Für 4 Personen   **Zubereitungszeit 10 Min.**   **Garzeit 10 Min.**   **Marinierzeit 15 Min.**

168 kcal | 701 kJ

1	**kleine rote Chilischote**
1 EL	**Limettensaft**
2 EL	**Sojasauce**
1 EL	**Agavendicksaft**
1/2 TL	**gemahlener Koriander**
	Salz, Pfeffer
4	**vorgegarte Maiskolben**
	(vakuumverpackt)

1 Chilischote waschen, entkernen und fein hacken. Für die Marinade Chili mit Limettensaft, Sojasauce, Agavendicksaft, Koriander, Salz und Pfeffer verrühren. Marinade mit Maiskolben in einen Gefrierbeutel geben, gut verkneten und ca. 15 Minuten marinieren.

2 Maiskolben abtropfen lassen, Marinade dabei auffangen, Maiskolben auf dem Rost bei direkter Hitze 10–12 Minuten rundherum grillen und mit restlicher Marinade beträufelt servieren.

So schmeckt's auch

Der Agavendicksaft lässt sich problemlos durch jedes andere Süßungsmittel ersetzen, z. B. Ahornsirup oder Honig. Wenn du Honig verwendest, ist das Rezept jedoch nicht mehr vegan.

Gefüllte Parmesantomaten vom Grill

Für 4 Personen   **Zubereitungszeit 15 Min.**   **Garzeit 10 Min.**

108 kcal | 452 kJ

4	**große Tomaten**
30 g	**Rucola**
40 g	**entsteinte grüne Oliven in Lake**
1	**Knoblauchzehe**
2 TL	**gehackter Thymian**
1 EL	**Balsamicocreme**
40 g	**geriebener Parmesan**
1 Prise	**Chiliflocken**
	Salz, Pfeffer
8 Blätter	**Basilikum**

1 Tomaten waschen, Deckel abschneiden und Tomaten aushöhlen. Tomatendeckel hacken. Rucola waschen, trocken schleudern und mit Oliven hacken. Knoblauch dazupressen, mit gehackten Tomaten, Thymian, Balsamicocreme und Parmesan verrühren und mit Chiliflocken und Pfeffer würzen.

2 Masse in die Tomaten füllen und in einer Grillschale auf dem Rost bei direkter Hitze 8–10 Minuten grillen. Basilikum waschen und trocken schütteln. Parmesantomaten mit Salz würzen, mit Basilikum bestreuen und servieren.

Dreierlei Grillkäse mit Kräutern

Für 4 Personen **Zubereitungszeit 15 Min.** **Garzeit 10 Min.**

279 kcal | 1168 kJ

4 Stängel	**Minze**
4 Stängel	**Petersilie**
4 Stängel	**Koriander**
1 EL	**Schnittlauchringe**
1 TL	**Olivenöl**
2 TL	**heller Balsamicoessig**
2 TL	**Wasser**
1/2 TL	**abgeriebene unbehandelte Zitronenschale**
	grober Pfeffer
150 g	**Schafskäse, 25 % Fett i. Tr.**
100 g	**Halloumi**
2	**Grillkäsetaler, Natur (à 75 g)**
12 Blätter	**Basilikum**

1 Kräuter waschen, trocken schütteln, hacken und mit Öl, Essig, Wasser, Zitronenschale und Pfeffer vermischen. Schafskäse und Halloumi in je 4 Scheiben schneiden. Käse in der Kräutermischung wenden und kurz ziehen lassen.

2 Käse auf einer Grillmatte auf dem Rost bei direkter Hitze ca. 5 Minuten von jeder Seite grillen. Basilikum waschen und trocken schütteln. Grillkäsetaler halbieren und dreierlei Grillkäse mit Basilikum bestreut servieren.

Schon gewusst?

Die Grillkäsetaler und den Halloumi kannst du auch direkt auf dem Rost grillen. Halloumi verliert jedoch zu Beginn viel Wasser. Achte also darauf, dass die Flüssigkeit nicht in die Flammen tropft.

Caprese Panini

Für 4 Personen   **Zubereitungszeit 15 Min.**   **Garzeit 15 Min.**   **Kühlzeit 90 Min.**

359 kcal | 1502 kJ

250 g	**Tofu**
250 ml	**ungesüßter Mandeldrink**
2 1/2 EL	**Maismehl**
10 g	**Hefeflocken**
1 TL	**Zitronensaft**
4	**Tomaten**
8 Stängel	**Basilikum**
4	**Panini (à 60 g)**
1 EL	**vegane Mayonnaise**
	Salz, grober Pfeffer

1 Für den veganen Mozzarella Tofu trocken tupfen und mit Mandeldrink, Mehl, Hefeflocken und Zitronensaft fein pürieren. Mischung in einem Topf auf mittlerer Stufe erwärmen und unter Rühren 8–10 Minuten andicken lassen. Masse auf 2 kleine Schalen verteilen, kurz abkühlen lassen und im Kühlschrank ca. 90 Minuten fest werden lassen.

2 Tomaten waschen und in Scheiben schneiden. Basilikum waschen, trocken schütteln und Blätter abzupfen. Mozzarella vorsichtig aus den Schalen lösen und in Scheiben schneiden.

3 Panini aufschneiden, mit Mayonnaise bestreichen und untere Paninihälften mit Tomaten, Mozzarella und Basilikum belegen. Mit Salz und Pfeffer würzen, mit oberen Paninihälften abdecken und auf dem Rost bei direkter Hitze 2–3 Minuten von jeder Seite grillen. Caprese Panini servieren.

Gegrillter Miso-Fenchel

Für 4 Personen   **Zubereitungszeit 5 Min.**   **Garzeit 20 Min.**

41 kcal | 172 kJ

2	**Fenchelknollen**
1/2	**Zitrone**
4 TL	**helle Misopaste**
	Meersalz,
	grober Pfeffer

1 Fenchel waschen, längs halbieren, Fenchelgrün abschneiden und hacken. 1 EL Zitronensaft auspressen und restliche Zitronenhälfte in Spalten schneiden. Fenchel mit Zitronensaft beträufeln, Schnittflächen mit Misopaste bestreichen und mit Pfeffer würzen.

2 Fenchel auf dem Rost bei direkter Hitze 10–12 Minuten von jeder Seite grillen und mit Salz würzen. Miso-Fenchel mit Fenchelgrün bestreuen und mit Zitronenspalten servieren.

Küchentipp

Wenn du das Gemüse lieber etwas weicher magst, kannst du den Fenchel auch in Salzwasser ca. 5 Minuten vorgaren.

Riesenchampignons mit Tomaten-Käse-Füllung

Für 4 Stück   Zubereitungszeit 10 Min.   Garzeit 20 Min.

56 kcal | 234 kJ

4	**Riesenchampignons (à 70 g)**
4	**getrocknete Tomaten ohne Öl**
1	**Knoblauchzehe**
60 g	**Schafskäse, 25 % Fett i. Tr.**
50 g	**Frischkäse, bis 5 % Fett absolut**
2 TL	**gehackter Oregano**
1/2 TL	**Paprikapulver Salz, Pfeffer**

1 Champignons trocken abreiben und aushöhlen. Champignoninneres samt Stielen mit Tomaten fein hacken. Knoblauch pressen, Schafskäse zerbröseln und mit Frischkäse, Tomatenmasse, 1 TL Oregano, Paprikapulver und Pfeffer verrühren.

2 Masse in die Champignons füllen, jeweils auf ein Stück Alufolie legen und zu Päckchen formen, dabei nicht ganz fest verschließen. Champignons auf dem Rost bei direkter Hitze ca. 20 Minuten grillen, mit Salz würzen und mit restlichem Oregano bestreut servieren.

Schoko-Obst-Päckchen mit Vanilleeis

Für 4 Personen   **Zubereitungszeit 20 Min.**   **Garzeit 15 Min.**

313 kcal | 1309 kJ

1	**Mango**
2	**Kakis**
2	**Kiwis**
1	**Banane**
8	**Erdbeeren**
50 g	**weiße Schokolade**
2 EL	**Haselnüsse**
1 TL	**abgeriebene unbehandelte Limettenschale**
2 EL	**gehackte Minze**
4 Kugeln	**Vanilleeis (à 35 g)**

Mango richtig schneiden

1 Mango schälen, das Fruchtfleisch vom Stein schneiden und Mango würfeln. Kakis waschen, Kiwis schälen und beides in Stücke schneiden. Banane schälen und in Scheiben schneiden. Erdbeeren waschen, trocken tupfen und halbieren. Schokolade in Stücke schneiden und Haselnüsse hacken.

2 Obst auf dem Rost bei direkter Hitze ca. 3 Minuten rundherum grillen und auf 4 Stücke Backpapier verteilen. Schokolade und Nüsse darauf verteilen und Päckchen mit Alufolie umwickeln. Limettenschale daraufgeben, Päckchen verschließen und auf dem Rost bei indirekter Hitze ca. 10 Minuten grillen. Schoko-Obst-Päckchen mit Minze garnieren und mit Eis servieren.

Gegrillter Obstsalat

Für 6 Personen · **Zubereitungszeit 20 Min.** · **Garzeit 20 Min.**

238 kcal | 996 kJ

1	**Mango**
1	**kleine Ananas**
1/2	**kleine Wassermelone (ca. 1200 g)**
3	**Bananen**
1	**Limette**
2 EL	**Agavendicksaft**
1 Handvoll	**Minze**

1 Mango schälen und das Fruchtfleisch in Spalten vom Stein schneiden. Ananas schälen, den Strunk entfernen und Ananas in Ringe schneiden. Melone halbieren und samt Schale in Scheiben schneiden. Bananen schälen und längs und quer halbieren.

2 Obst portionsweise auf dem Rost bei direkter Hitze 3–5 Minuten von jeder Seite grillen. Für das Dressing Limette auspressen und Limettensaft mit Agavendicksaft verrühren. Minze waschen, trocken schütteln und Blätter abzupfen.

3 Obst auf einer großen Platte anrichten, mit Limettendressing beträufeln und mit Minze garnieren. Gegrillten Obstsalat servieren.

Jasmins Tipp:
Eine tolle Idee, um seinen Obstsalat aufzupeppen. Warm mit Röstaromen vom Grill ist vor allem die Ananas einfach lecker!

Salate & Co.

als ideale Grillbegleiter

Kartoffel-Kräuter-Salat mit Mandeldressing

Für 4 Personen   Zubereitungszeit 15 Min.   Garzeit 20 Min.   Kühlzeit 15 Min.

136 kcal | 570 kJ

400 g	**festkochende Kartoffeln**
	Salz, Pfeffer
1/2	**Salatgurke**
2	**Frühlingszwiebeln**
1/2 Bund	**Radieschen**
2 EL	**gehackte Mandeln**
60 g	**Magermilchjoghurt**
1	**Knoblauchzehe**
2 EL	**gehacktes Basilikum**
1/2 TL	**Paprikapulver**
1 Prise	**Chiliflocken**
2 EL	**gehackter Kerbel**
2 EL	**Schnittlauchringe**
1 EL	**gehackter Dill**
2 EL	**gehackte Petersilie**

1 Kartoffeln schälen, in Salzwasser ca. 20 Minuten garen, abgießen und ca. 15 Minuten abkühlen lassen. Gurke waschen und würfeln. Frühlingszwiebeln waschen und in Ringe schneiden. Radieschen waschen und in dünne Scheiben schneiden.

2 Mandeln fettfrei in einer Pfanne auf mittlerer Stufe 2–3 Minuten rösten und mit Joghurt, Knoblauch, Basilikum, Paprikapulver, Chiliflocken, Salz und Pfeffer pürieren. Kartoffeln in Scheiben schneiden und mit Gemüse, Kerbel, Schnittlauch, Dill, Petersilie und Mandeldressing vermischen. Kartoffel-Kräuter-Salat servieren.

Drei-Kräuter-Reis

Für 4 Personen **Zubereitungszeit 5 Min.** **Garzeit 15 Min.**

191 kcal | 801 kJ

1 **180 g trockenen Basmatireis** nach Packungsanweisung in **Salzwasser** garen. **1 kleine rote Zwiebel** schälen und fein würfeln. **1 Knoblauchzehe** pressen und mit Zwiebeln, **2 EL gehackter Petersilie**, **2 EL gehacktem Koriander**, **1 EL gehacktem Estragon**, **2 TL Olivenöl** und **1 TL abgeriebener unbehandelter Zitronenschale** verrühren. Reis unterheben, mit Salz und **Pfeffer** abschmecken und mit **1 EL gehacktem Estragon** bestreuen. Drei-Kräuter-Reis servieren.

Röstkartoffeln mit Kräutersauce

Für 6 Personen **Zubereitungszeit 10 Min.** **Garzeit 40 Min.**

120 kcal | 502 kJ

1 **800 g Drillinge (kleine Kartoffeln)** waschen und in **Salzwasser** ca. 20 Minuten vorgaren. Backofen auf 220° C (Gas: Stufe 4, Umluft: 200° C) vorheizen. Kartoffeln abgießen, in eine Auflaufform (ca. 20 x 30 cm) füllen, mit einem Löffel leicht andrücken und mit **2 TL Olivenöl** beträufeln. Kartoffeln im Backofen auf mittlerer Schiene ca. 20 Minuten rösten.

2 **1 kleine rote Zwiebel** schälen und mit **1 Knoblauchzehe** fein würfeln. **1 kleine rote Chilischote** waschen, entkernen und fein hacken. Zwiebeln mit Knoblauch, Chili, **2 EL gehackter Petersilie**, **2 EL gehacktem Koriander**, **1 TL Weißweinessig**, **1 TL Olivenöl**, **1 EL Zitronensaft** und **2 EL kaltem Wasser** verrühren oder pürieren. Kräutersauce mit Salz und **Pfeffer** abschmecken und mit Röstkartoffeln servieren.

Spargel mit Zitronenvinaigrette

Für 4 Personen **Zubereitungszeit 5 Min.** **Garzeit 10 Min.**

44 kcal | 185 kJ

1 **400 g grünen Spargel** waschen und das untere Drittel schräg abschneiden. Für die Vinaigrette **2 TL Olivenöl** mit **2 TL Zitronensaft**, **1 TL Dijonsenf** und **1 TL Honig** verrühren und mit **Salz** und **Pfeffer** abschmecken. Spargel portionsweise auf dem Rost bei direkter Hitze 3–4 Minuten rundherum grillen, mit Vinaigrette beträufeln und servieren.

Pesto-Nudel-Salat
mit Serranoschinken

Für 4 Personen   **Zubereitungszeit 15 Min.**   **Garzeit 10 Min.**   **Kühlzeit 10 Min.**

275 kcal | 1150 kJ

160 g	**trockene Rigatoni**
	Salz, Pfeffer
8	**getrocknete Tomaten**
	ohne Öl
75 ml	**heiße Gemüsebrühe**
	(1/4 TL Instantpulver)
1/2	**unbehandelte Zitrone**
1 EL	**Pinienkerne**
1 EL	**Olivenöl**
2 EL	**geriebener Parmesan**
100 g	**Baby-Blattspinat**
80 g	**Serranoschinken**

1 Nudeln nach Packungsanweisung in Salzwasser garen, abgießen und ca. 10 Minuten abkühlen lassen. Tomaten ca. 10 Minuten in Brühe einweichen. 1/2 TL Zitronenschale abreiben und Zitronenhälfte auspressen.

2 Für das Pesto Tomaten samt Sud mit Pinienkernen, Zitronenschale, -saft, Öl und Parmesan pürieren, mit Salz und Pfeffer abschmecken und mit Nudeln vermischen.

3 Spinat waschen und trocken schleudern. Schinken in mundgerechte Stücke zerteilen. Spinat und Schinken unter die Nudeln heben, mit Pfeffer abschmecken und Pesto-Nudel-Salat servieren.

So schmeckt's auch

Statt Rigatoni kannst du Penne oder eine andere Nudelsorte verwenden. Wer mag, kann auch auf die Vollkorn-Variante zurückgreifen. Der SmartPoints Wert reduziert sich im lila Plan auf 3.

Linsen-Tomaten-Salat mit Schafskäse

Für 4 Personen   **Zubereitungszeit 10 Min.**

210 kcal | 770 kJ

2 Dosen	**braune Linsen (à 240 g Abtropfgewicht)**
600 g	**Cocktailtomaten**
1/2 Bund	**Petersilie**
150 g	**Schafskäse, 25 % Fett i. Tr.**
3 Tüten	**WW Honey & Mustard Dressing**
	Salz, Pfeffer

1 Linsen abspülen und abtropfen lassen. Tomaten waschen und halbieren. Petersilie waschen, trocken schütteln und hacken. Schafskäse würfeln. Linsen mit Tomaten, Petersilie, Schafskäse und WW Honey & Mustard Dressing vermischen und mit Salz und Pfeffer abschmecken. Linsen-Tomaten-Salat servieren.

Jasmins Tipp:

Schnell gemacht, einfache Zubereitung und sehr lecker! Für etwas mehr Crunch ergänze ich gern noch Salatgurke oder Paprika.

Einfach vielseitig

Genieße das herrlich frische WW Honey & Mustard Dressing auf Salaten aller Art. Erhältlich im Studio und auf wwshop.de

Knoblauch-Zitronen-Broccoli

Für 4 Personen   **Zubereitungszeit 10 Min.**   **Garzeit 15 Min.**

87 kcal | 362 kJ

1   Backofen auf 200° C (Gas: Stufe 3, Umluft: 180° C) vorheizen. **600 g Stangenbroccoli** waschen. **1 rote Chilischote** waschen, entkernen und in feine Streifen schneiden. **4 Knoblauchzehen** in feine Scheiben schneiden.

2   Broccoli mit **1 EL Zitronensaft**, Knoblauch, Chili, **1 EL Olivenöl**, **1/2 TL Chiliflocken**, **Salz** und **Pfeffer** vermischen und auf einem mit Backpapier ausgelegten Backblech verteilen. Knoblauch-Zitronen-Broccoli im Backofen auf mittlerer Schiene ca. 15 Minuten backen, mit **1 TL abgeriebener unbehandelter Zitronenschale** bestreuen und servieren.

Tomaten-Zwiebel-Salsa

Für 4 Personen   **Zubereitungszeit 10 Min.**

21 kcal | 86 kJ

1   **3 Tomaten** waschen und fein würfeln. **1 rote Zwiebel** schälen und in feine Streifen schneiden. **1 rote Chilischote** waschen, entkernen und fein hacken. Tomaten mit Zwiebeln, Chili, **1 EL gehacktem Koriander** und **2 EL Limettensaft** vermischen und mit **Salz** und **Pfeffer** abschmecken. Tomaten-Zwiebel-Salsa mit **1 EL gehacktem Koriander** bestreut servieren.

Grüner Salat mit Haselnüssen

Für 4 Personen   **Zubereitungszeit 15 Min.**   **Garzeit 5 Min.**

125 kcal | 524 kJ

1   **30 g Haselnüsse** grob hacken und in einer Pfanne fettfrei auf mittlerer Stufe 2–3 Minuten rösten. Für das Dressing **1 Knoblauchzehe** pressen und mit **2 TL Olivenöl**, **2 TL Zitronensaft**, **1 TL Dijonsenf**, **1 EL kaltem Wasser**, **Salz** und **Pfeffer** verrühren.

2   **1 Zucchini** waschen und mit einem Sparschäler in lange Streifen schneiden. **2 Stangen Staudensellerie** waschen, in feine Scheiben schneiden und Blätter abzupfen. **1 Fenchelknolle** waschen und in feine Streifen schneiden. Fenchelgrün hacken. **60 g Rucola** waschen und trocken schleudern. Zucchini, Sellerie, Fenchel, Rucola und Dressing vermischen und mit **30 g Parmesanhobeln**, Sellerieblättern, Fenchelgrün und Haselnüssen bestreuen. Grünen Salat servieren.

Süßkartoffelpommes

Für 4 Personen **Zubereitungszeit 15 Min.** **Garzeit 25 Min.**

211 kcal | 881 kJ

600 g	**Süßkartoffeln**
1 EL	**Speisestärke**
1 EL	**Olivenöl**
1 EL	**Pankomehl**
	Meersalz
1/2 TL	**Paprikapulver**

1 Backofen auf 200° C (Gas: Stufe 3, Umluft: 180° C) vorheizen. Süßkartoffeln schälen, in lange Stifte schneiden, in Eiswasser legen und ca. 5 Minuten ziehen lassen. Süßkartoffeln abgießen, trocken tupfen, erst mit Stärke, dann mit Öl und danach mit Pankomehl und Salz vermischen.

2 Süßkartoffeln auf einem mit Backpapier ausgelegten Backblech verteilen und im Backofen auf mittlerer Schiene 20–25 Minuten backen, dabei nach der Hälfte der Garzeit durchrühren. Süßkartoffelpommes mit Salz und Paprikapulver würzen und servieren.

Gut kombiniert

Zu den Süßkartoffelpommes passt der
Joghurt-Limetten-Dip (S. 105) besonders gut.

Mexikanischer Nudelsalat

Für 4 Personen   Zubereitungszeit 15 Min.   Garzeit 15 Min.

384 kcal | 1608 kJ

160 g	**trockene Gabelspaghetti**
	Salz, Pfeffer
1	**rote Paprika**
1 Dose	**schwarze Bohnen (240 g Abtropfgewicht)**
1 Dose	**Mais (140 g Abtropfgewicht)**
120 g	**Avocado**
3	**Frühlingszwiebeln**
1	**grüne Chilischote**
4 EL	**gehackter Koriander**
1	**unbehandelte Limette**
2 EL	**Salatcreme, bis 23 % Fett**
1 EL	**griechischer Joghurt, Natur, bis 0,2 % Fett**
1 Msp.	**geräuchertes Paprikapulver**
80 g	**Schafskäse, 25 % Fett i. Tr.**

1 Nudeln nach Packungsanweisung in Salzwasser garen und abgießen. Paprika waschen, entkernen und würfeln. Bohnen abspülen und mit Mais abgießen. Eine Pfanne auf mittlerer bis hoher Stufe erhitzen und Paprika mit Mais darin fettfrei 6–8 Minuten rundherum braten. Mit Salz und Pfeffer würzen und kurz abkühlen lassen.

2 Avocado halbieren, Stein entfernen, Fruchtfleisch aus der Schale lösen und in Würfel schneiden. Frühlingszwiebeln waschen und in Ringe schneiden. Chilischote waschen, entkernen und fein hacken. Nudeln mit Paprika, Mais, Bohnen, Avocado, Frühlingszwiebeln und Koriander vermischen.

3 Limettenschale abreiben und Limettenhälfte auspressen. Salatcreme mit Joghurt, Limettenschale, -saft, Paprikapulver, Salz und Pfeffer verrühren und mit Nudelsalat vermischen. Schafskäse über den Salat bröseln und Nudelsalat servieren.

Avocado richtig schälen

Gemischte Antipastiplatte

Für 6 Personen   Zubereitungszeit 20 Min.

239 kcal | 999 kJ

1/2	**kleiner Weißkohl**
	Salz, Pfeffer
150 g	**bunte Cocktailtomaten**
125 g	**fettreduzierte**
	Mozzarella-Minis
2 TL	**Balsamicocreme**
1 Handvoll	**Basilikumblätter**
100 g	**eingelegte**
	Artischocken in Öl
je 6	**entsteinte grüne und**
	schwarze Oliven in
	Lake
150 g	**Magermilchjoghurt**
2 EL	**Salatcreme,**
	bis 23 % Fett
1 EL	**Zitronensaft**
1 TL	**getrocknete**
	italienische Kräuter
6 Scheiben	**Baguette**
6 Scheiben	**italienische Salami**

1 Kohl putzen, vierteln, den Strunk entfernen, Kohl in feine Streifen schneiden, mit 1 TL Salz verkneten und ca. 10 Minuten ziehen lassen. Tomaten waschen, Mozzarella trocken tupfen, auf einer großen Platte anrichten, mit Balsamicocreme beträufeln und mit Basilikum bestreuen.

2 Artischocken abtropfen lassen und mit Oliven auf der Platte anrichten. Kohl mit Joghurt, Salatcreme, Zitronensaft und italienischen Kräutern vermischen, mit Pfeffer abschmecken und in eine Schale füllen. Baguette rösten, mit Salami und Krautsalat auf der Platte anrichten und gemischte Antipastiplatte servieren.

Chili-Kräuter-Butter

Für 8 Personen **Zubereitungszeit 5 Min.**

85 kcal | 357 kJ

1 **1 Knoblauchzehe** pressen und mit **180 g Halbfettmargarine**, **2 EL gehackten italienischen Kräutern**, **1 Msp. abgeriebener unbehandelter Zitronenschale**, **1/2 TL geräuchertem Paprikapulver**, **1 Msp. Cayennepfeffer**, **1/4 TL Chiliflocken**, **1/2 TL Meersalz** und **1 Msp. grobem Pfeffer** verrühren. Chili-Kräuter-Butter kalt stellen oder sofort servieren.

Chili-BBQ-Sauce

Für 8 Personen **Zubereitungszeit 10 Min.** **Garzeit 25 Min.** **Kühlzeit 10 Min.**

37 kcal | 153 kJ

1 **1 Schalotte** schälen und fein würfeln. **1 rote Chilischote** waschen, entkernen und mit **1 Knoblauchzehe** fein hacken. **1 TL Rapsöl** in einem Topf auf mittlerer Stufe erhitzen und Schalotten mit Chili und Knoblauch darin 2–3 Minuten andünsten. **1 TL Senfkörner** dazugeben und ca. 1 Minute mitdünsten. Mit **400 g passierten Tomaten (Konserve)** ablöschen, mit **3 EL Ahornsirup** verfeinern und mit **1 TL geräuchertem Paprikapulver**, **Salz** und **Pfeffer** würzen. Sauce auf niedriger Stufe mit Deckel ca. 20 Minuten köcheln lassen, pürieren und ca. 10 Minuten abkühlen lassen. Chili-BBQ-Sauce servieren.

Selbstgemachte Kräuteraioli

Für 8 Personen   **Zubereitungszeit 5 Min.**

117 kcal | 491 kJ

1 **1 Knoblauchzehe** grob hacken, mit **1 Ei (Größe M)** und **1/2 TL Dijonsenf** in ein hohes, schmales Gefäß füllen und mit einem Pürierstab pürieren. **100 ml Rapsöl** langsam dazugießen und dabei weiterpürieren. Aioli mit **2 TL gehackter Petersilie**, **1 TL Schnittlauchringen** und **2 TL gehacktem Zitronenthymian** verrühren und mit **Salz** und **Pfeffer** abschmecken. Kräuteraioli kalt stellen oder sofort servieren.

Joghurt-Limetten-Dip

Für 8 Personen   **Zubereitungszeit 5 Min.**

43 kcal | 181 kJ

1 **1 TL Limettenschale** von **1 unbehandelten Limette** abreiben und Limette auspressen. **Limetten-saft** und -schale mit **150 g Magermilchjoghurt**, **100 g Schmand** und **1 EL gehacktem Bärlauch** verrühren und mit **Kräutersalz** und **Pfeffer** abschmecken. Joghurt-Limetten-Dip mit **2 TL Schnittlauchringen** bestreuen, kalt stellen oder sofort servieren.

Jasmins Tipp:

Für alle, die es lieben, etwas Frisches zum Grillen zu servieren. Diese tolle Kombination passt gut zu würzig-deftigem Fleisch. Herrlich frisch und leicht.

*Die Teilnehmerin hat mit dem Vorgängerprogramm abgenommen und hält ihr Gewicht mit *meinWW+*.

Register nach Plan

Register nach Zutaten und Stichworten

Impressum

Herausgeber & Redaktion
WW (Deutschland) GmbH
Claudia Braun, Iris Hermann, Ewa Tacke

Rezepte & Realisierung
Geschmackswerk UG
Nathalie Döscher, Silke Höpker

Fotografie & Styling
Hubertus Schüler, WW International

Foodstyling
Stefan Mungenast, WW International

Bildnachweise
WW International, Getty Images S. 52-53

Gestaltungskonzept & Grafik
Niehaus Knüwer and friends GmbH Werbeagentur
Geschmackswerk UG, Petra Penker

Druck
paffrath print & medien GmbH

WW (Deutschland) GmbH
ww.com
ww-gesundekueche.de
Info-Hotline 0211 - 3805 3813
ISBN 978-3-9821292-7-3